Die Schnellkochtopf Bibel

*Die leckersten Rezepte für
Deinen Schnellkochtopf*

Sophie Lautenthal

Vorwort

J eder kennt ihn, doch kaum einer kann wirklich mit ihm umgehen. Gerade die älteren Generationen nutzten den Schnellkochtopf noch regelmäßig und konnten viele leckere Gerichte zubereiten. Heutzutage ist dieses Wissen leider etwas verloren gegangen und oft steht der Schnellkochtopf mehr im Schrank, als auf dem Herd. Dieses Rezeptbuch bringt dir deinen Schnellkochtopf näher und stattet dich mit leckeren Gerichten aus, damit du endlich deinen Schnellkochtopf richtig nutzen kannst.

Guten Appetit!

🍴 INHALT

Fleisch & Geflügel   33

Fisch & Meeresfrüchte   61

Der Schnellkochtopf – Ein nützlicher Küchengehilfe

Sich mit dem Schnellkochtopf vertraut zu machen, bietet viele verschiedene Vorteile, die einem auf den ersten Blick gar nicht so auffallen. Der größte Vorteile ist wohl der offensichtlichste, nämlich dass dein Essen schneller fertig ist und du für die meisten Gerichte nicht mehr Stundenlang am Herd stehen musst. Darüber hinaus ist das Kochen mit dem

Schnellkochtopf ein sehr energieeffizientes Kochen. Durch das Einsparen von Energie sparst du bares Geld. Darüber hinaus bietet der Schnellkochtopf auch hinsichtlich der Zubereitung einen großen Vorteil. Er erhält weitestgehend die Vitamine und die Mineralstoffe beim Garen, die essentiell sind, um deine Gesundheit zu erhalten. Trotz dieser Vorteile wird er heutzutage selten genutzt. Doch woran liegt das eigentlich?

Während die älteren Generationen noch mit Bravour mit ihm umgehen konnten, sind die Jüngeren damit schnell überfordert. Sie kennen die Handhabung nicht und trauen sich nicht so recht an den Schnellkochtopf heran. Denn nur wer mit dem Schnellkochtopf gekonnt umgeht, kann auch wirklich leckere Speisen damit zubereiten.

Aus diesem Grunde bringen wir dir auf den nächsten Seiten den Schnellkochtopf näher. Hier erhältst du die besten Tipps damit auch wirklich alles rundläuft.

Vor dem Kochen den Schnellkochtopf überprüfen

Vor jedem Einsatz solltest du den Schnellkochtopf kurz untersuchen. Hat er vielleicht Risse oder Dellen? Ist die Gummidichtung im Deckel spröde oder in sonstiger Weise beschädigt? Wenn dies der Fall ist, kann nicht mehr gewährleistet werden, dass der Topf dem Druck im inneren standhält. Du solltest den Topf dann nicht mehr verwenden. Falls die

Gummidichtung die Fehlerstelle ist, kannst du für die meisten Schnellkochtöpfe eine geeignete Dichtung für wenig Geld nachkaufen.

Nichts desto trotz musst du normalerweise keine Bedenken haben, wenn du mit einem Schnell-kochtopf kochst. Egal ob Markenprodukt oder No-Name-Topf. Jeder Schnellkochtopf wird, bevor er in den Verkauf geht, TÜV geprüft. Hier-durch wird trotz des Druckes im inneren des Topfes die Sicherheit garantiert.

So funktioniert dein Schnellkochtopf

Hauptsächlich unterscheiden sich ein Schnellkochtopf und ein herkömmlicher Topf in der Entstehung von Wasserdampf während des Kochvorganges. Während im herkömmlichen Topf im Wasser gekocht wird, werden Kartoffeln, Gemüse oder das Fleisch im Schnellkochtopf im Wasserdampf gegart. Wasserdampf ist heißer als Wasser, weshalb die Gerichte im Schnellkochtopf schneller fertig sind. Grundsätzlich kann man auch in einem herkömmlichen Topf mit Wasserdampf garen. Dieser Dampf kann aber vom Deckel nicht im Topf gehalten werden. So liegen die Speisen nur im vorbeiziehenden Wasserdampf und der Herd ist für die ständige Erzeugung neuen Wasserdampfes verantwortlich. Auch die Hitze des Dampfes wird so nicht optimal ausgenutzt. Der Schnellkochtopf ist hier deutlich besser geeignet – er ist energieeffizienter und kann die Speisen besser garen.

Zur Benutzung wird der Schnellkochtopf mit etwas Wasser gefüllt. Jeder Schnellkochtopf hat hierzu eine Markierung an der Wand. Anschließend wird das Gargut in den Topf gelegt und der Deckel fest verschlossen. Hierdurch kann der sich entwickelnde Dampf nicht entweichen. Durch den hohen Druck steigt auch die Siedetemperatur des Wassers auf 116 °C. Im Vergleich zum herkömmlichen Kochtopf kann so eine Zeitersparnis von bis zu 70% erzielt werden. Z.B. Kartoffeln lassen sich innerhalb von 15 Minuten garen, obwohl es normalerweise 30 Minuten in Anspruch nimmt. Selbst Braten lassen sich in weniger als 30 Minuten garen.

Wenn der Kochvorgang beendet ist, nimmst du den Schnellkochtopf vom Herd. Bevor du ihn öffnest, ist es sehr wichtig, dass der Druck abgelassen wird. Bei vielen Schnellkochtöpfen gibt es einen Knopf, mit dem du den Druck langsam ablassen kannst. Du kannst ihn aber auch in eine Spüle stellen und kaltes Wasser darüber laufen lassen. Um zu wissen, wann du den Topf gefahrlos öffnen kannst, solltest du auf den Stand des Druckventils achten. Öffne niemals den Topf, bevor der Druck ausgeglichen ist!

Aufbau eines Schnellkochtopfes

Wie bereits erwähnt besteht der Schnellkochtopf aus einem großen, schweren Topf, der mit seinem Deckel fest verbunden werden kann. Soweit, so gut. Dahinter steckt natürlich noch etwas mehr ausgetüftelte Technik. Schließlich muss ein Schnellkochtopf dem Druck im Innern auch standhalten können. Deswegen ist der Schnellkochtopf sehr dickwandig. Nicht nur das, es muss auch ein System vorhanden sein, das den Dampf wieder sicher entweichen lässt, bevor Du den Topf öffnest, er soll Dir ja nicht um die Ohren fliegen. Hier steckt der Clou im Deckel: Der Topf ist so konstruiert, dass sich der Deckel fest mit dem Topf verbinden lässt. Diese Aufgabe übernimmt ein bajonettartiges Verschlusssystem. Damit wirklich kein Dampf entweicht, dichtet ein Gummiring den Kontaktpunkt zwischen Topf und Deckel zusätzlich ab. Gleich zwei Ventile sorgen für maximale Sicherheit und zeigen an, wie hoch der Druck im Innern ist.

Eines dieser Ventile ist das Druckventil. Es hat farbliche Markierungen, die die Druckhöhe anzeigen. In der Regel gibt es zwei Garstufen, empfindlichere Lebensmittel wie Fisch und Gemüse werden auf der niedrigeren Stufe gekocht, während Eintöpfe und Braten durchaus etwas mehr Hitze und Druck vertragen können. Diese Stufen lassen sich ebenfalls am Druckventil ablesen. Das zweite Ventil ist das Sicherheitsventil. Es sorgt dafür, dass beim Kochen mit dem Schnellkochtopf wirklich nichts schiefgehen kann und lässt im Notfall Druck ab. Es reguliert auch den maximal zulässigen Druck im

Topfinnern während des Kochens. Erschrick Dich also nicht, wenn es zwischendurch anfängt zu zischen. Das ist auch Dein Zeichen, die Herdplatte herunter zu schalten, denn der Topf hat alle Energie, die er braucht – und Du sparst sie.

Für welche Speisen ist der Druckkochtopf geeignet?

Grundsätzlich möchten wir deiner Kreativität keine Grenzen setzen und du solltest gerne deine eigenen Erfahrungen machen. Nichts desto trotz gibt es natürlich Klassiker, die seit Jahrzehnten gerne im Schnellkochtopf zubereitet werden. Hierzu gehören Braten, Gulasch, Eintöpfe, Fisch, Gemüse, Kartoffeln oder auch Hühnerfrikassee. Bei einem Braten ist es in der Regel notwendig, diesen bereits vorher kurz anzubraten. Auch wäre eine Zubereitung von Reis und Hülsenfrüchten im Schnellkochtopf denkbar.

Vorsichtig solltest du bei Nudeln sein. Diese werden im Schnellkochtopf schnell matschig und breiig. Wenn die Nudeln Teil eines Eintopfes sind, sieht die Sache schon wieder etwas anders aus und der Schnellkochtopf wird auch hierbei leckere Ergebnisse erzielen.

Bitte beachte, dass der Schnellkochtopf zum Garen ist und nicht zum Frittieren. Du solltest kein Fett in dem Kochtopf erhitzen!

Suppen & Eintöpfe

EINFACHE KARTOFFELSUPPE

445 kcal / 88 g kh / 4 g fett / 11 g eiweiß
pro gesamte Zubereitungsmenge

Zutaten:

500 g Kartoffeln

100 g Knollensellerie

100 g Lauch

2-3 Karotten

1 Zwiebel

1 ½ l Gemüsebrühe

1 Bund Petersilie (nur die Blätter)

1 Lorbeerblatt

Majoran

Muskatnuss

Salz und Pfeffer

Zubereitung:

1. Kartoffeln schälen und kleinschneiden. Suppengemüse putzen, ebenfalls klein schneiden.
2. Zwiebeln in Öl im Schnellkochtopf andünsten.

Karotten, Sellerie und Lauch zugeben. Mit der Gemüsebrühe ablöschen. Mit Salz, Pfeffer und Muskatnuss würzen. Lorbeerblatt und Majoran zufügen.

3. Den Schnellkochtopf mit dem Deckel verschließen und auf Druck bringen. Küchenuhr auf 15 Minuten stellen. Sobald der Schnellkochtopf auf Temperatur ist, läuft die Zeit.

4. Nach der Kochzeit den Schnellkochtopf vom Herd nehmen und warten, bis der Druck abgebaut ist. Den Deckel vorsichtig öffnen. Das Lorbeerblatt entfernen und die Suppe pürieren. Zum Schluss noch gehackte Petersilie über die Suppe streuen.

ERBSENSUPPE SCHNELL UND LECKER

221 kcal / 44 g kh / 2 g fett / 6 g eiweiß

pro gesamte Zubereitungsmenge

Zutaten:

3-4 Karotten (mittelgroß)

4 Kartoffeln (groß)

250 g Schälerbsen

5 TL Gemüsebrühe

1.5 l Wasser

Zubereitung:

1. Karotten und Kartoffeln schälen, in kleine Würfel schneiden. Das geschnittene Gemüse und die Schälerbsen mit ca. 1,5 Litern Wasser in den Schnellkochtopf geben.

2. Gemüsebrühe zufügen und vorsichtig umrühren. Bei höchster Stufe Druck entstehen lassen. Anschließend ca. 15 Minuten bei niedriger Temperatur fertig garen lassen. Dazu passen sehr gut angebratene Speckwürfel.

KAROTTEN EINTOPF MIT HACKFLEISCH

1858 kcal / 94 g kh / 120 g fett / 99 g eiweiß
pro gesamte Zubereitungsmenge

Zutaten:

500 g Karotten

1 Packung Reis

500 g Rinderhackfleisch

1 Bund Frühlingszwiebeln

1 ½ Liter Gemüsebrühe

2 EL Olivenöl

Salz und Pfeffer

1 TL Paprikapulver

etwas Knoblauchpulver

Zubereitung:

1. Karotten schälen, in feine Scheiben schneiden. Frühlingszwiebeln putzen und ebenfalls in Scheiben schneiden.

2. Hackfleisch in Olivenöl im Schnellkochtopf anbraten. Mit Salz, Pfeffer, Paprika und

Knoblauchpulver würzen, anschließend den Zwiebellauch zugeben. Mit Gemüsebrühe ablöschen. Den Reis zugeben, einmal umrühren und dann den Deckel verschließen.

3. Alles ca. 10 Minuten kochen lassen, den Deckel nach Vorschrift öffnen, mit Salz und Pfeffer abschmecken. Nach Geschmack noch etwas Pulver von der Gemüsebrühe zufügen.

SPINATSUPPE MAL ANDERS

1092 kcal / 74 g kh / 63 g fett / 53 g eiweiß

Zutaten:

1 kg Baby Spinat, frisch

1 ½ Liter Gemüsebrühe

1 TL Thymian

2 EL Knoblauchpulver

2-3 Zwiebeln

2 EL Olivenöl

Salz und Pfeffer

4 Kartoffeln

4 Mettwürste, fein

Zubereitung:

1. Kartoffeln und Zwiebeln schälen, würfeln. Das gewürfelte Gemüse mit der Gemüsebrühe in den Schnellkochtopf geben.

2. Den Deckel schließen und alles für 5 Minuten bei hohem Druck kochen lassen. Nach der Kochzeit den Deckel mit der Kaltwassertechnik

öffnen. Spinat, Öl und restliche Gewürze zufügen.
3. Mettwürste einlegen, den Deckel erneut für 4
Minuten verschließen. Bei normalem Druck kochen. Nach der Kochzeit den Deckel wie gewohnt
öffnen. Mit Salz und Pfeffer abschmecken.

FEINE SUPPE AUS BLUMENKOHL

Zutaten:

500 g Blumenkohl, frisch in Röschen

2 Kartoffeln, mittlere

1 Liter Gemüsebrühe

1 TL Knoblauchpulver Salz, Pfeffer, Thymian

120 ml frische Milch

2 EL Zitronensaft

2 Zwiebeln

1 Becher Schmand

Zubereitung:

1. Kartoffeln und Zwiebeln schälen, beide fein würfeln. Den Blumenkohl putzen, in Röschen schneiden. Kartoffeln und Blumenkohl in den Schnellkochtopf geben, den Deckel für 4 Minuten verschließen und mit hohem Druck kochen.

2. Das Gemüse im Topf mit einem Kartoffel-stampfer oder Pürierstab zerkleinern. Zwiebeln, Zitronensaft, Milch und Gewürze zugeben. Gut

vermengen.

3. Den Topf erneut für 4 Minuten verschließen und mit leichtem Druck köcheln. Den Deckel öffnen, Schmand unterrühren, die Suppe final abschmecken. Dazu passen Brötchen oder Baguette.

ZWIEBELSUPPE

2280 kcal / 186 g kh / 124 g fett / 94 eiweiß
pro gesamte Zubereitungsmenge

Zutaten:

1 kg Kartoffeln

5 Knoblauchzehen

225 g Zwiebeln

1 l Gemüsebrühe

1 l Fleischbrühe, Rind

60 g geriebener Gouda

400 g Schmelzkäse

1 Stück durchwachsener Speck

Salz, Pfeffer und Kräuter der Provence

Zubereitung:

1. Kartoffeln geschält und in Würfel geschnitten
in den Schnellkochtopf geben.

2. Zwiebeln schälen, fein würfeln. Knoblauch
schälen, pressen. Speck in 4 Stücke teilen.

3. Beide Sorten Brühe, Zwiebeln, Knoblauch und
Speck in den Topf zugeben.

4. Deckel verschließen und unter hohem Druck 10 Minuten kochen.

5. Anschließend den Deckel öffnen, Schmelzkäse zufügen. Umrühren, bis der Schmelzkäse sich aufgelöst hat. Mit Salz, Pfeffer und Kräutern würzen. Speck herausnehmen. (Auf Wunsch kann der Speck klein gewürfelt wieder zugegeben werden).

6. Etwas Gouda auf die Suppe streuen und servieren.

CREMIGE BOHNENSUPPE MIT WURSTEINLAGE

1900 kcal / 64 g kh / 132 g fett / 106 g eiweiß
pro gesamte Zubereitungsmenge

Zutaten:

1 ½ Liter Brühe, Rind

8 Wiener Würstchen (alternativ Fleischwurst)

500 g grüne Bohnen

375 g Kartoffeln

2 Zwiebeln

Salz und Pfeffer

160 g Speck am Stück

1 TL Bohnenkraut

Zubereitung:

1. Kartoffeln und Zwiebeln schälen, würfeln, Zwiebeln sehr fein würfeln, evtl. einen Gemüse-Zerkleinerer verwenden.

2. Rinderbrühe mit Kartoffeln und Zwiebeln in den Schnellkochtopf geben. Speck und Bohnen zufügen. Mit Salz und Pfeffer würzen,

Bohnenkraut zugeben.

3. Gut durchrühren, Deckel verschließen und bei mittlerer Hitze für 30 Minuten kochen. Den Topf nach Vorschrift öffnen. Den Speck herausnehmen und klein würfeln. Die Hälfte der Suppe entnehmen und in einer Schüssel mit einem Pürierstab zerkleinern. Davon bekommt die Suppe eine wunderbar cremige Konsistenz. Speck, pürierte Suppe und Wurst in den Kopf zur restlichen Suppe geben. Im offenen Topf für 5 Minuten ziehen lassen.

4. Mit Salz, Pfeffer und Bohnenkraut abschließend abschmecken und heiß servieren. Dazu passen gut Baguette oder frische Brötchen.

GRAUPENSUPPE MIT SPECK

1778 kcal / 108 g kh/ 124 g fett / 67 g eiweiß
pro gesamte Zubereitungsmenge

Zutaten:

225 g Graupen

1 Stange Zwiebellauch

1-2 Karotten

1 Zwiebel

300 g magerer Speck, gewürfelt

1 ½ Liter Gemüse- oder Rinderbrühe

1 Bund Petersilie

3 Kartoffeln, mittlere

Salz, Pfeffer und Muskat

Zubereitung:

1. Zwiebellauch waschen, in feine Ringe schneiden. Karotte schälen, in Feine Scheiben schneiden. Zwiebeln schälen, fein würfeln. Kartoffeln schälen, mundgerecht würfeln. Petersilie säubern und klein hacken.

2. Außer der Petersilie alle Zutaten, in den Schnellkochtopf geben. Nach Geschmack würzen.

3. Alles gut vermengen, den Topf für 15 Minuten verschließen. Nach 15 Minuten den Deckel wie gewohnt öffnen. Noch einmal abschmecken. Nach Geschmack nachwürzen, die Suppe in Teller füllen. Gehackte Petersilie drüberstreuen und servieren. Baguette oder Brötchen passen gut dazu.

LECKERE KÜRBISSUPPE

1207 kcal / 163 g kh / 53 g fett / 17 g eiweiß
pro gesamte Zubereitungsmenge

Zutaten:

550 g Hokkaido

2 Becher Creme Fraiche

1 EL Olivenöl

1 l Gemüsebrühe

1 TL Ingwerpulver

1 Zwiebel

250 ml Gemüsebrühe

250 ml O-Saft

Salz, Pfeffer und eine Prise Zucker

Zubereitung:

1. Den Kürbis aushöhlen, das Kürbisfleisch in eine Schüssel geben. Zu große Stücke kleiner schneiden. Zwiebel schälen, klein würfeln.

2. Die Zwiebeln in Olivenöl im Schnellkochtopf anbraten. Kürbisfleisch zugeben und alles für 5 Minuten schmoren. Die restlichen Zutaten

zufügen, alles gut verrühren. Mit den Gewürzen abschmecken. Den Deckel gut verschließen.

3. Die Suppe 10 Minuten kochen, anschließend den Topf mit der Kaltwassermethode öffnen. Die Suppe pürieren, vorzugsweise mit einem Pürierstab. Bei Bedarf nachwürzen.

DEFTIGE KARTOFFELSUPPE

2309 kcal / 252 g kh / 98 g fett / 100 g eiweiß
pro gesamte Zubereitungsmenge

Zutaten:

500 g Kartoffeln

4 Brötchen

5 Mettwürste

1 Liter Milch

2 Paprikaschoten, rot und gelb

1 Bund Zwiebellauch

2 EL Olivenöl

4 EL Gemüsebrühe

Salz, Pfeffer, Paprikapulver

Zubereitung:

1. Kartoffeln schälen, in mundgerechte Stücke schneiden. Paprikaschoten säubern, würfeln. Den Zwiebellauch waschen, in dünne Scheiben schneiden. Die Mettwürste in ca. 1 cm dicke Scheiben schneiden.

2. Das Gemüse und die Würste in Öl im Schnellkochtopf anbraten. Nach etwa 5 Minuten Milch,
Gewürze und Gemüsebrühe zufügen.

3. Alles gut verrühren und kurz aufkochen. Anschließend den Topf für 10 Minuten verschließen. Nach der Garzeit Topf nach Anleitung öffnen. Um die Suppe cremig zu bekommen, den In-
halt entnehmen, pürieren und wieder zufügen.
Auf Tellern anrichten und heiß servieren. Dazu
passen Brötchen oder Baguette.

Fleisch & Geflügel

PASTA A LA BOLOGNESE

2096 kcal / 185 g kh / 87 g fett / 110 g eiweiß
pro gesamte Zubereitungsmenge

Zutaten:

3 St Paprikaschoten, gelb, rot und grün

1 Chilischote

2 EL Olivenöl

400 g Hackfleisch (gemischt)

1 TL Salz

1 Prise Pfeffer

3 Tr Chilisauce (z.B. Tabasco)

250 g Nudeln

200 ml Rotwein

400 ml Brühe

50 g Tomatenmark

Zubereitung:

1. Paprikaschoten säubern, würfeln. Chilischote säubern, entstielen, in Scheiben schneiden. Je nach Schärfewunsch Kerne entfernen. Das Hackfleisch in Olivenöl im Schnellkochtopf anbraten.

Mit Salz, Pfeffer und etwas Chilisauce würzen. Paprikas und Chili zugeben und gut durchrühren. Nudeln zufügen. Mit der Brühe ablöschen. Wein zufügen. Tomatenmark zugeben. Alles gut durchrühren und aufkochen.

2. Deckel des Schnellkochtopfes gut verschließen, für 10 Minuten dämpfen. Deckel nach der Garzeit nach Anleitung öffnen. Auf Tellern anrichten und heiß servieren.

KARTOFFELSALAT (WARM) MIT FRIKADELLEN

2571 kcal / 153 g kh / 147 g fett / 150 g eiweiß
pro gesamte Zubereitungsmenge

Zutaten:

500 g Rinderhackfleisch

1 TL Senf

50 g Paniermehl

2 Eier

2 EL Tomatenmark, alternativ Ketchup

2 Zwiebeln

2 EL Olivenöl (z. anbraten)

Salz, Pfeffer, Paprikapulver, Knoblauchpulver

700 g Kartoffeln

250 ml warmes Wasser

2 EL Olivenöl

2 EL Kräuteressig

2 EL frische Petersilie

2 EL frischen Schnittlauch

½ Bund Zwiebellauch

Salz und Pfeffer

1 Baguette zum Aufbacken

Zubereitung:

1. Zuerst die Frikadellen zubereiten. Zwiebeln schälen und fein hacken. Zusammen mit Hackfleisch, Senf, Eiern, Paniermehl und Tomatenmark in eine Schüssel geben.

2. Die Masse mit den Gewürzen mischen und gut vermengen. Es soll ein glatter Teig entstehen. Ist die Masse zu weich, mit Paniermehl ausgleichen. Gleichmäßige Frikadellen formen und diese von allen Seiten gut in Olivenöl anbraten.

3. Temperatur verringern, Frikadellen fertig braten. Kartoffeln schälen, mundgerecht würfeln oder Scheiben schneiden. Zwiebellauch putzen, in dünne Scheiben schneiden. Dämpfeinsatz in den Schnellkochtopf hängen. 250 ml warmes Wasser in den Topf geben, die Kartoffeln in den Einsatz legen. Den Topf verschließen und mit hohem Druck 6 Minuten kochen.

4. Mit der Kaltwassermethode den Deckel öffnen, Kartoffeln in eine Schüssel geben. Olivenöl,

Kräuteressig, Schnittlauch und Petersilie zufügen. Alles gut vermischen. Mit Salz und Pfeffer und nach Geschmack würzen. Frisch aufgebackenes Baguette passt bestens dazu.

BRATWURST MIT KARTOFFELPÜREE

2088 kcal / 110 g kh / 146 g fett / 71 g eiweiß
pro gesamte Zubereitungsmenge

Zutaten:

4 Bratwürstchen

6 große Kartoffeln

4 EL Schnittlauch

3 Knoblauchzehen gepresst

300 ml Gemüsebrühe

100 ml Sahne

1 Prise Salz

2 EL Olivenöl

15 g Butter

Zubereitung:

1. Kartoffeln schälen und würfeln. Knoblauch schälen und pressen.

2. Würstchen in Olivenöl anbraten. Die Würste dazu von allen Seiten anstechen, um das Aufplatzen zu verhindern. Rundherum knusprig braten.

3. Kartoffeln, Gemüsebrühe und Knoblauch im Schnellkochtopf mit geschlossenem Deckeln 4 Minuten bei hohem Druck kochen.

4. Nach 4 Minuten den Topf wie gewohnt öffnen. Die Kartoffeln stampfen (direkt im Topf oder in einer Schüssel), Mich, Schnittlauch, Butter und Salz hinzufügen, alles zu einem glatten Brei verrühren.

5. Mit den Würsten auf dem Teller anrichten und servieren.

SPECKBOHNEN MIT KARTOFFELN

1134 kcal / 63 g kh / 68 g fett / 69 g eiweiß
pro gesamte Zubereitungsmenge

Zutaten:

500 g grüne Bohnen

250 ml Wasser

Salz

Pfeffer

1 EL Gemüsebrühe

200 g Speck, gewürfelt

400 g Kartoffeln

4 EL Creme Fraiche

1 EL Olivenöl

Zubereitung:

1. Kartoffeln in gewohnter Weise im Salzwasser kochen. (Im Schnellkochtopf Kartoffeln mit Wasser bedeckt für 10 Minuten mit hohem Druck kochen)

2. Bohnen putzen und waschen. Wasser und den

Dämpfeinsatz in den Schnellkochtopf geben. Sobald das Wasser kocht, Bohnen hinzugeben.

3. Den Deckel verschließen und die Bohnen ca. 2 Minuten mit hohem Druck kochen. Deckel mit der Kaltwassermethode öffnen, Dämpfeinsatz entfernen. Die Bohnen mit einem Esslöffel Öl in den Topf geben. Den geschnittenen Speck zusammen mit einer Tasse Wasser, Gemüsebrühe und Gewürzen hinzugeben, alles gut vermischen.

4. Den Deckel erneut schließen und alles 5 Minuten bei schwacher Hitze garen. Nach 5 Minuten den Deckel erneut öffnen und das Creme Fraiche unterheben. Die Speckbohnen mit den Kartoffeln anrichten und servieren.

SCHWEINEBRATEN JÄGERART

2207 kcal / 5 g kh / 141 g fett / 200 g eiweiß
pro gesamte Zubereitungsmenge

Zutaten:

1 kg Schweinebraten

2 Zwiebeln

200 g frische Pfifferlinge

2 EL Olivenöl

2 TL Senf mittelscharf, zum Einreiben des Bratens

100 g Tomatenmark

½ Becher Schmand

Salz, Pfeffer, Paprikapulver

0,8 l bis 1 l Fleischbrühe

Zubereitung:

1. Zwiebeln schälen und klein würfeln. Pfifferlinge gut unter fließendem Wasser waschen, klein schneiden. Den Schweinebraten mit Senf einreiben, kräftig mit Salz, Pfeffer und Paprika

würzen.

2. In Öl im Schnellkochtopf von allen Seiten kräftig anbraten. Zwiebeln und Pfifferlinge zufügen, alles für 3 Minuten schmoren. Mit Fleischbrühe ablöschen, Tomatenmark zufügen, verrühren und Topf verschließen.

3. Den Schweinebraten 45 Minuten auf mittlerer Stufe garen. (bis der 2. Ring des Schnellkochtopfs sichtbar ist). Den Deckel nach Anleitung öffnen, Fleisch auf die Seite stellen. Schmand unterrühren, mit Salz und Pfeffer abschmecken. Fleisch mit Kartoffeln oder Klößen servieren.

SCHMACKHAFTER GRÜNKOHL

1772 kcal / 34 g kh / 144 g fett / 83 g eiweiß
pro gesamte Zubereitungsmenge

Zutaten:

1 kg Grünkohl, frisch

3 Zwiebeln

6 Mettenden

½ Liter Wasser

1 ½ TL Salz

2-3 Kartoffeln

1 EL Senf

2 EL Olivenöl

Pfeffer und Muskat

Zubereitung:

1. Zwiebeln schälen, fein würfeln. Kartoffeln schälen, mundgerecht würfeln. Mettenden in Scheiben schneiden.

2. Zwiebeln und Kartoffeln in Olivenöl im Schnellkochtopf kurz anbraten. Wenn die

Zwiebeln leicht glasig sind, Grünkohl, Salz, Senf und Wasser zufügen, alles gut vermengen. Mit Pfeffer und einer Prise Muskat würzen.

3. Den Schnellkochtopf verschließen, alles einmal aufkochen. Hitze reduzieren und 20 Minuten garen. Den Topf nach Herstellerangaben öffnen. Abschmecken und servieren.

DEFTIGER RINDERBRATEN

2212 kcal / 24 g kh / 161 g fett / 190 g eiweiß
pro gesamte Zubereitungsmenge

Zutaten:

1 kg Rinderbraten

4 EL Senf, zum Braten einreiben

2 rote Paprika

4 Zwiebeln

300 ml Fleischbrühe

200 ml Rotwein

2 EL Schmand

2 EL Olivenöl

Salz und Pfeffer

Zubereitung:

1. Rinderbraten kräftig mit Salz und Pfeffer würzen. Von allen Seiten mit dem Senf bestreichen. Im Olivenöl im Topf von allen Seiten scharf anbraten. In der Zwischenzeit Paprika und fein würfeln. Gemüsewürfel zum Braten geben, für 1-

2 Minuten schmoren.

2. Fleischbrühe und Rotwein zufügen, Deckel schließen. Der Deckel sollte den zweiten Ring anzeigen, je nach Herd und Topf muss etwas probiert werden, welche Hitze das vom Ofen ist.

3. Rinderbraten 45 Minuten im geschlossenen Topf garen. Deckel nach Anleitung öffnen, Fleisch rausnehmen und zur Seite stellen. Den Schmand unterrühren und servieren.

RINDFLEISCH, CREMIG MIT KARTOFFELN

1606 kcal / 60 g kh / 96 g fett / 122 g eiweiß
pro gesamte Zubereitungsmenge

Zutaten:

600 g Rindfleisch (mageres Rindergulasch)

4 Kartoffeln

50 g Schweineschmalz

3 große Zwiebeln

1 Becher Creme Fraiche

200 ml Fleischbrühe

Zubereitung:

1. Kartoffeln schälen, fein würfeln. Zwiebeln schälen und fein hacken Rindfleisch würfeln. Bei Gulasch zu große Stücke nochmal durchschneiden.

2. Schweineschmalz im Schnellkochtopf erhitzen. Sobald das Fett aufgelöst ist, Fleisch zugeben und gut anbraten. Nach wenigen Minuten Zwiebeln und Kartoffeln zufügen. 5 Minuten

schmoren.

3. Fleischbrühe angießen, Creme Fraiche unter-rühren, den Schnellkochtopf verschließen. Alles für 15 Minuten bei mittlerer Hitze kochen. Dazu passt Gemüse oder ein Salat.

ZUCCHINI HACKFLEISCH REIS AUS EINEM TOPF

1405 kcal / 189 g kh / 41 g fett / 69 g eiweiß
pro gesamte Zubereitungsmenge

Zutaten:

2 Zwiebeln

400 g Zucchini

250 g Rinderhackfleisch

2 EL Sojasoße

Salz, Pfeffer, Dill und Paprikapulver

200 g Reis

1 Liter Gemüsebrühe

2 EL Olivenöl

Zubereitung:

1. Hackfleisch in Öl anbraten. Zwiebeln schälen und in feine Scheiben schneiden. Zucchini schälen, in Scheiben schneiden, ca. 0,5 cm breit.

2. Zwiebeln und Zucchini zum Hackfleisch geben, alles für ca. 3 Minuten schmoren. Gemüsebrühe, Sojasauce, Reis und alle Gewürze zufügen. Alles

gut verrühren.

3. Ca. 30 Minuten köcheln. Den Deckel nach Anleitung öffnen und abschmecken. Heiß servieren. Durch den Reis sind keine weiteren Beilagen erforderlich.

PASTA MIT SCHINKENSAHNESAUCE

4069 kcal / 357 g kh/ 175 g fett / 248 g eiweiß
pro gesamte Zubereitungsmenge

Zutaten:

500 g Nudeln

1 Becher Sahne

200 g gekochter Schinken

100 g roher Schinken

450 g geriebener Gouda

750 ml Fleischbrühe vom Rind

Salz und Pfeffer

Zubereitung:

1. Rohen und gekochten Schinken fein würfeln.
Nudeln und Brühe in den Schnellkochtopf geben.
Schinken und Sahne zufügen. Den Schnellkochtopf verschließen, und unter hohem Druck 5 Minuten kochen.

2. Den Topf wie gewohnt mit der Kaltwassermethode öffnen, Hitze reduzieren und den

geriebenen Käse über der Mischung verteilen. Bei schwacher Hitze warten, bis der Käse aufgelöst ist. Nach Bedarf noch abschmecken. Käse und Schinken geben aber schon einiges an Geschmack ab.

GULASCH MIT NUDELN

3124 kcal / 426 g kh / 66 g fett / 195 g eiweiß
pro gesamte Zubereitungsmenge

Zutaten:

600 g Gulasch nach Wahl

600 g Nudeln nach Wahl

4 Zwiebeln

600 ml Fleischbrühe

2 Paprikaschoten, gelb, rot

2 EL Öl

2 TL Paprikapulver, edelsüß

1 EL Paprikapulver, scharf

1 EL Tomatenmark

2 EL Mehl

Salz und Pfeffer

Zubereitung:

1. Zwiebeln schälen, Paprika putzen, beides fein
würfeln. Fleisch, Zwiebel und Paprika in Olivenöl
im Schnellkochtopf anbraten.

2. Gewürze zugeben, für einige Minuten

anbraten. Fleischbrühe zubereiten und dem Topf zufügen. Gut verrühren und den Deckel schließen. Nudeln wie gewohnt in Salzwasser kochen. Schweinegulasch braucht 10 bis 15 Minuten, Rindergulasch braucht 15 bis 20 Minuten.

3. Den Deckel wie gewohnt öffnen, gut verrühren. Nach Bedarf noch einmal abschmecken. Mit dem Mehl die Flüssigkeit abbinden. Tomatenmark unterrühren. Gulasch und Nudeln auf Tellern anrichten und servieren.

RINDERROULADEN GANZ KLASSISCH MIT ROTKOHL UND KLÖßEN

2996 kcal / 214 g kh / 125 g fett / 249 g eiweiß

pro gesamte Zubereitungsmenge

Zutaten:

4 Rinderrouladen

1 Glas Rotkohl

4 TL Senf

Salz, Paprikapulver und Pfeffer

8 Klöße

30 g Schmalz

2 rote Paprika

2 Zwiebeln

400 ml Fleischbrühe

4 Fleischspießchen, alternativ Koch-Bindfaden

8 Scheiben roher Schinken

2 Gewürzgurken

Zubereitung:

1. Rinderrouladen auf einem Brett ausbreiten und mit Senf bestreichen. Gut mit Salz, Pfeffer und Paprikapulver würzen. Auf jede Roulade je zwei Scheiben Schinken legen. Die beiden Gewürzgurken fein würfeln. Gleichmäßig auf den Rouladen verteilen.

2. Rouladen aufrollen und mit einem Spieß oder Koch-Bindfaden verschließen. Zwiebeln und Paprika fein würfeln. Fleischbrühe zubereiten und in den Schnellkochtopf geben.

3. Zwiebeln und Paprika zugeben, mit Salz, Pfeffer und Paprika würzen. Gut verrühren, Rouladen mit in den Topf legen. Den Topf verschließen und alles 15 bis 20 Minuten kochen. In der Zwischenzeit den Rotkohl mit dem Schmalz zubereiten und nach Bedarf abschmecken. Die Klöße nach Anleitung kochen. Zum Schluss den Schnellkochtopf wie gewohnt öffnen. Rouladen, Kohl und Klöße auf Tellern anrichten und servieren.

EINFACHER GEMÜSE-SCHINKEN-REIS

1997 kcal / 331 g kh / 35 g fett / 83 g eiweiß
pro gesamte Zubereitungsmenge

Zutaten:

450 g Basmati Reis

1 Packung Mischgemüse, tiefgefroren oder frisch
zubereitet

600 ml Gemüsebrühe

200 g Schinken nach Wahl

Salz und Pfeffer

Zubereitung:

1. Gefrorenes Gemüse auftauen, Schinken fein
würfeln. Gemüsebrühe nach Anleitung zubereiten. Alle Zutaten in den Schnellkochtopf geben
und gut durchmischen. Würzen und noch einmal
gut durchrühren.

2. Den Topf schließen, alles für 20 Minuten bei
hoher Temperatur kochen. Den Topf nach Anleitung öffnen und den Reis prüfen. Hat er die

gewünschte Konsistenz, nach Bedarf noch einmal abschmecken. Anschließend sofort servieren.

Fisch & Meeresfrüchte

LACHS AUF RISOTTO

897 kcal / 80 g kh / 39 g fett / 56 g eiweiß
pro gesamte Zubereitungsmenge

Zutaten:

250 g Lachsfilet

100 g Rundkornreis

100 ml Weißwein

200 ml Gemüsesuppe

5 kleine Tomaten

4 EL Kräuter

1 Zwiebel

½ Limette

20 g Butter

1 EL Öl

Zubereitung:

1. Zwiebeln schälen, fein hacken. Tomaten waschen, würfeln. Rundkornreis mit Gemüsebrühe, Wein, Zwiebeln und Tomaten in einen Schnellkochtopf geben. Aufkochen und bei geringer Hitze 8 Minuten fertiggaren.

2. Lachs in große Stücke schneiden, scharf in Öl anbraten. Fertigdünsten. Dem fertig gekochten Reis, Butter und Kräuter zufügen und unterheben. Lachs mit Limettensaft beträufeln. Den Reis auf Tellern anrichten und den Lachs auf den Reis setzen.

THUNFISCH-KARTOFFEL-EINTOPF MEDITERRAN – SCHNELL UND LECKER

722 kcal / 65 g kh / 7 g fett / 92 g eiweiß
pro gesamte Zubereitungsmenge

Zutaten:

400 g Thunfischsteaks, frisch oder TK

400 g Tomaten, stückig

600 g Kartoffeln, festkochend

2 EL Gewürzpaste

1 Paprikaschote, rot

1 Lorbeerblatt

Etwas Salz und Pfeffer

Etwas Pimentón de la Vera

Etwas Oregano

1 Handvoll Oliven

Etwas Öl zum Braten

Zubereitung:

1. Kartoffeln schälen, stückeln, Paprika würfeln.
Beides in etwas Öl im Schnellkochtopf anbraten.

Würzpaste zufügen, mit anbraten.

2. Tomaten und Lorbeerblatt zufügen, ein wenig köcheln. Thunfisch würfeln, Oliven halbieren, in den Topf geben und verrühren. Etwas Oregano zugeben. Den Deckel schließen, Druckhaltezeit 3 Minuten.

3. Am Ende der Kochzeit für etwa 10 Minuten die Warmhaltestufe wählen. Restdampf vorsichtig ablassen. Mit den Gewürzen abschmecken und servieren.

FISCHRAGOUT AUF SAUERKRAUT – AUS DEM SCHNELLKOCHTOPF

2033 kcal / 13 g kh / 86 g fett / 103 g eiweiß
pro gesamte Zubereitungsmenge

Zutaten:

250 g Lachsfilet(s) (TK), angetaut, in Würfel geschnitten

250 g Kabeljaufilet(s) (TK), angetaut, in Würfel geschnitten

1 m.-große Zwiebel(n), in feine Würfel geschnitten

1 Zehe Knoblauch, fein gewürfelt

2 rote Paprikaschoten, fein gewürfelt

3 Tomaten, getrocknet, in feine Streifen geschnitten

500 g Sauerkraut

2 EL Öl (Sonnenblumenöl)

1 Lorbeerblatt

1 EL Paprikapulver, mild

1 TL Brühe, gekörnte

250 ml Wasser

Salz und Pfeffer

100 ml Sahne oder Soja-Sahne

1 Prise Dill

Zubereitung:

1. Öl im Schnellkochtopf erhitzen. Lorbeerblatt zufügen. Zwiebel und Knoblauchzehe glasig anschwitzen. Paprika, Tomaten und Sauerkraut zufügen und mitdünsten für ca. 3 Minuten. 1 TL gekörnte Brühe untermischen, 250 ml Wasser aufschütten. Topf vom Herd nehmen. Den Fisch auf das Kraut legen. Mit Salz, Pfeffer und Paprikapulver würzen.

2. Den Deckel vom Schnellkochtopf verschließen und für ca. 8 Minuten. auf Stufe 1 kochen. Den Topf erneut vom Herd nehmen und vorsichtig abdampfen. Deckel öffnen, Sahne zugeben. Um die Sahne zu verteilen, den Topf leicht schwenken.

3. Zum Servieren Dill darüberstreuen. Mit Reis oder frischem Brot servieren.

GEDÄMPFTER LACHS MIT CHILI UND KORIANDER

560 kcal / 5 g kh / 32 g fett / 60 g eiweiß

pro gesamte Zubereitungsmenge

Zutaten:

1 Stg Zitronengras

ca. 10 g Ingwer am Stück

1 Chilischote, rot

1 Frühlingszwiebel

½ Limette

6 Zweige Koriander

1 EL Chilisauce, süß

2 EL Fischsauce

1 EL Sesamöl

4 Lachsfilets

Zubereitung:

1. Die äußeren Blätter vom Zitronengras entfernen, waschen, trockentupfen, feinhacken. Ingwer schälen und feinreiben. Chilischote putzen, längs halbieren, Kerne entfernen, waschen, klein

hacken. Frühlingszwiebel putzen, waschen, fein hacken. Limette auspressen. Koriander waschen, trockenschütteln, fein hacken. Je die Hälfte Koriander und Frühlingszwiebeln in einer Schüssel gut vermengen. Die andere Hälfte Koriander, Ingwer, Chili, Zitronengras, 1 bis 2 Esslöffel Limettensaft, Chili- und Fischsauce sowie Sesamöl in einer zweiten großen Schüssel mischen.

2. Lachsfilets abspülen, trocken tupfen und in der Chili-Mischung marinieren. Mindestens eine Stunde zugedeckt im Kühlschrank ziehen lassen. Lachsfilets der Marinade entnehmen und in einen Dämpfeinsatz geben.

3. Den Lachs über kochendem Wasser im geschlossenen Topf 8 bis 10 Minuten dämpfen. Herausnehmen, auf Tellern anrichten und mit der Koriander-Zwiebel-Mischung bestreut servieren.

SCHNELLER ZANDER

502 kcal/ 5 g kh / 38 g fett / 37 g eiweiß
pro gesamte Zubereitungsmenge

Zutaten:

2 Zanderfilets

1 Prise Pfeffer

1 Schuss Weißwein

1 Schuss Wasser

1 Prise Salz

Zutaten Tomaten-Vinaigrette:

1 Prise Salz

4 kleine Tomaten

4 EL Olivenöl

½ Zitrone (Saft)

1 Prise Pfeffer

1 Zweig Basilikum

Zubereitung:

1. Fischfilets waschen, trocken tupfen, auf Gräten kontrollieren. Mit Salz und Pfeffer beidseitig würzen. In den Locheinsatz vom Schnellkochtopf

legen. Den Boden vom Topf mit einer Wasser-Weißwein-Mischung bedecken. Den Einsatz mit dem Fisch in den Topf geben und den Deckel schließen. Herd auf eine niedrige Temperatur stellen und Hitze für ca. 2 Minuten halten.

2. Den Herd einfach ausschalten, Topf aber stehen lassen, Druck entweichen lassen. Tomaten waschen, vierteln, entkernen, fein würfeln. Mit Olivenöl und Zitronensaft mischen und mit Salz und Pfeffer würzen.

3. Basilikum waschen, die Blätter fein schneiden. Zur Tomaten-Vinaigrette geben. Auf dem gedämpften Zanderfilet verteilen und mit Beilagen servieren.

SHRIMPS MIT REIS

1987 kcal / 96 g kh / 46 g fett / 73 g eiweiß
pro gesamte Zubereitungsmenge

Zutaten:

1 Pkg. Reis

300 g Shrimps

1 Becher Sahne

100 ml Gemüsebrühe

2 EL Olivenöl

2 Zwiebeln

100 g roher Speck

Salz und Pfeffer

Zubereitung:

1. Speck und Zwiebeln fein würfeln. Shrimps und Zwiebeln in Olivenöl im Topf ca. 3 Minuten andünsten. Speck zugeben und 1 Minute mit anbraten.

2. Den Reis wie gewohnt in Salzwasser kochen. Die Shrimps mit Gemüsebrühe ablöschen und Sahne zufügen. Mit Salz und Pfeffer würzen, alles

gut verrühren. Den Deckel vom Schnellkochtopf schließen.

3. Shrimps für ca. 5 Minuten mit schwachem Druck köcheln lassen. Den Druck vorsichtig in Ruhe entweichen lassen. Wenn der Reis fertig ist, Shrimps auf dem Reis angerichtet servieren.

Vegan & Vegetarisch

CREMIGE ZWIEBELSUPPE MIT KARTOFFELN

2467 kcal / 177 g kh / 137 g fett / 118 g eiweiß
pro gesamte Zubereitungsmenge

Zutaten:

1,2kg Kartoffeln, gewürfelt

6 Knoblauchzehen, gemahlen

150g Zwiebeln, gewürfelt

2l Gemüsebrühe

1 EL Gewürzsalz

25g Veganer Cheddar, gerieben

400g Doppelrahmkäse

Zubereitung:

1. Alle Zutaten außer dem Käse in den Schnellkochtopf geben und mit geschlossenem Deckel für 10 Minuten kochen.

2. Den Deckel mit der Kaltwassermethode öffnen. Doppelrahmkäse zufügen und gut vermengen. Auf Suppentellern oder in Suppentassen anrichten, mit dem Käse garniert servieren.

KNOBLAUCH-ZUCCHININUDELN

274 kcal / 6 g kh / 27 g fett / 2 g eiweiß
pro gesamte Zubereitungsmenge

Zutaten:

3 Zucchini, in Spiralen geschnitten

1 EL Knoblauchpulver

½ EL Pfeffer

500 ml Gemüsebrühe

2 Knoblauchzehen, gemahlen

100g Karotten, in Spiralen geschnitten

2 EL Olivenöl

Zubereitung:

1. Zucchini und Karotten mit einem Spiralschneider schneiden. Alle Zutaten in den Schnellkochtopf geben.

2. Den Deckel verschließen und mit hohem Druck 4 Minuten kochen. Den Druck wie gewohnt entweichen lassen und direkt servieren.

WÜRZIGER JALAPENOREIS

900 kcal / 188 g kh / 6 g fett / 19 g eiweiß
pro gesamte Zubereitungsmenge

Zutaten:

225 g Brauner Reis

60 ml Tomatenmark

1 Zwiebel, gewürfelt

1 Jalapenopaprika, in Stücke geschnitten

2 Knoblauchzehen, gemahlen

½ TL Salz

Zubereitung:

1. Zwiebeln in Olivenöl 3 Minuten im Schnellkochtopf sautieren. Knoblauch zufügen und 1 Minute weiter sautieren. Reis, Jalapenopaprika, Tomatenmark und Salz zufügen, alles gut vermischen.

2. Wasser zufügen und nochmal gut durchrühren. Mit geschlossenem Deckel 15 Minuten bei hohem Druck kochen. Heiß servieren.

KARTOFFELBREI, VEGAN

1200 kcal / 219 g kh / 17 g fett / 30 g eiweiß
pro gesamte Zubereitungsmenge

Zutaten:

1,5k Kartoffeln, geschält und gewürfelt

4 EL Kaffeesahne

30g Vegane Butter

250ml Gemüsebrühe

1 Prise Salz

1 Prise Pfeffer

Zubereitung:

1. Kartoffeln in den Dämpfeinsatz vom Schnellkochtopf geben. Gemüsebrühe in den Topf ein-
füllen. Dämpfeinsatz in den Topf geben.

2. Den Deckel schließen und bei hohem Druck 8
Minuten kochen. Mit der Kaltwassermethode öffnen und die Kartoffeln in eine große Schüssel geben.

3. Gut zerstampfen und die restlichen Zutaten
zufügen. Alles vermengen und heiß genießen.

TOMATEN-
BOHNENSUPPE

456 kcal / 30 g kh / 28 g fett / 15 g eiweiß
pro gesamte Zubereitungsmenge

Zutaten:

1 Dose Weiße Bohnen, über Nacht eingeweicht

2 Knoblauchzehen, gemahlen

2 EL natives Olivenöl Extra

400g Tomaten, in Scheiben

1 Zwiebel, gewürfelt

750ml Gemüsebrühe

2 Selleriestangen, geschnitten

1 Karotte, geschnitten

1 Prise Pfeffer

1 Prise Salz

Zubereitung:

1. Zwiebeln, Karotten, Knoblauch und Sellerie in
Olivenöl im Schnellkochtopf anschwitzen. Tomaten zufügen und gut verrühren.

2. Weiße Bohnen und Gemüsebrühe zufügen und

den Deckel schließen. 10 Minuten mit hohem Druck kochen. Den Druck wie gewohnt entweichen lassen. Mit Pfeffer und Salz abschmecken, verrühren und servieren.

TOFU MIT GEMÜSE

360 kcal / 19 g kh/ 26 g fett / 14 g eiweiß

pro gesamte Zubereitungsmenge

Zutaten:

2 Blöcke Tofu, gewürfelt

90 g Brokkoli

1 Zucchini, gewürfelt

1 EL Kokosnusszucker

1 EL Knoblauchpulver

½ EL Pfeffer

1 EL Scharfer Pfeffer

120 ml Apfelessig

500 ml Tomatensauce

1 EL Ingwer

3 EL Sojasauce

2 EL Olivenöl

Zubereitung:

Alle Zutaten im Schnellkochtopf gut vermengen.
Den Deckel verschließen und auf Schonstufe 6
Stunden köcheln. Als Beilage passt Reis.

SPAGHETTI, SÜß-FEURIG

1998 kcal / 355 g kh/ 35 g fett / 60 g eiweiß
pro gesamte Zubereitungsmenge

Zutaten:

500 g Spaghetti

2 TL Basilikum

2 Knoblauchzehen, gemahlen

1 Zwiebel, gewürfelt

2 EL Olivenöl

600 ml Wasser

1 Dose Tomaten, passiert

90 g Tomatenmark

800 g Tomaten, in Scheiben

1 Prise Chili

1 TL Rohrzucker

2 TL Petersilie

1 TL Oregano

1 Prise Salz

1 Prise Pfeffer

Zubereitung:

1. Zwiebeln in Olivenöl im Schnellkochtopf 2 Minuten sautieren. Knoblauch zufügen und 1 Minute sautieren.

2. Restliche Zutaten zufügen, gut vermengen. Mit geschlossenem Deckel 5 Minuten mit hohem Druck kochen. Den Druck wie gewohnt entweichen lassen. Umrühren, evtl. noch abschmecken und servieren.

SÜßKARTOFFEL MAL ANDERS

1067 kcal / 162 g kh / 44 g fett / 7 g eiweiß
pro gesamte Zubereitungsmenge

Zutaten:

500 ml Wasser

2 Süßkartoffeln, geschält in Scheiben geschnitten

40g Pekannuss, gemahlen

2 EL Schlagsahne

3 EL Kokosnussmilch

1 Messerspitze Muskatnuss

½ TL Zimt

3 EL Vegane Butter

1 EL Mehl

60g Kokosnusszucker

60g Rohrzucker

Zubereitung:

1. Die Hälfte des Wassers in den Kochtopf geben.
Geschnittene Kartoffeln im Dämpfeinsatz in den
Topf geben. Deckel verschließen, 8 Minuten mit

hohem Druck kochen. Mit der Kaltwassermethode öffnen und Kartoffeln in eine Schüssel umfüllen. Kokosnusszucker, 2 EL Butter, Muskatnuss, Vanille und Zimt zufügen und mit einem Mixer verrühren. Es sollte eine geschmeidige Masse sein. Kokosnussmilch und Schlagsahne zufügen und vermengen.

2. Die Kartoffelmischung in die Kasserolle füllen. 1 EL Butter, Mehl, Rohrzucker und Pekannuss mischen, als Garnitur auf die Kasserolle geben. Topfuntersetzer in den Schnellkochtopf legen und 250ml Wasser angießen. Die Kasserolle auf den Untersetzer stellen und den Deckel schließen.

3. 13 Minuten mit hohem Druck kochen. Mit der Kaltwassermethode öffnen. Auf Tellern anrichten und servieren.

CREMIGER SPINAT-ARTISCHOCKEN-DIP, VEGAN

2813 kcal / 11 g kh / 223 g fett / 185 g eiweiß
pro gesamte Zubereitungsmenge

Zutaten:

300 g Spinat

450g Artischockenherzen

1 TL Zwiebelpulver

2 Knoblauchzehen

120 ml Mayonnaise

120 ml Schmand

120 ml Gemüsebrühe

240 g Veganer Mozzarella, gerieben

420 g Veganer Parmesan, gerieben

240 g Veganer Frischkäse

Zubereitung:

Bis auf den Käse alle Zutaten in den Schnellkoch-topf geben. Gut vermischen. Bei geschlossenem Deckel 5 Minuten mit hohem Druck kochen. Zum

Öffnen die Kaltwassermethode nutzen. Den Käse zufügen und verrühren, bis der Käse zerlaufen ist.

BUNTES RISOTTO

1605 kcal / 304 g kh / 22 g fett / 46 g eiweiß
pro gesamte Zubereitungsmenge

Zutaten:

350 g Arborioreis

700 g Spinat

1 Prise Oregano

½ TL Koriander

75 g Pilze

120 ml Weißwein

120 g Butternusskürbis, geschält und gewürfelt

1 Paprikaschote

2 Knoblauchzehen, gemahlen

1 Zwiebel, gewürfelt

1 EL Olivenöl

1 Prise Pfeffer

1 Prise Salz

Zubereitung:

1. Zwiebeln, Kürbis, Paprikaschote und Knoblauch in Olivenöl im Schnellkochtopf 5 Minuten

sautieren. Reis zufügen und alles gut vermischen. Es sollte sich eine einheitliche Masse bilden.

2. Die übrigen Zutaten zufügen und gut vermischen. Mit geschlossenem Deckel bei hohem Druck 5 Minuten kochen. Zum Öffnen die Kaltwassermethode nutzen. Durchrühren und servieren.

REIS, SPANISCHE ART

458 kcal / 95 g kh / 3 g fett / 9 g eiweiß
pro gesamte Zubereitungsmenge

Zutaten:

120g Reis

1 Prise Pfeffer

1 Prise Chilipulver

½ Paprikaschote, geschnitten

1 Tomate, in Scheiben

200ml Gemüsebrühe

3/2 TL Tomatenmark

½ Zwiebel, gewürfelt

Zubereitung:

Alle Zutaten in den Schnellkochtopf geben. Mit geschlossenem Deckel mit hohem Druck 8 Minuten kochen. Den Druck wie gewohnt entweichen lassen. Gut durchrühren und servieren.

SUPPE AUS SPALTERBSEN

458 kcal / 95 g kh / 3 g fett / 9 g eiweiß
pro gesamte Zubereitungsmenge

Zutaten:

500g Spalterbsen, getrocknet

1 Zwiebel, gewürfelt

50g Karotten, geschnitten

¼ Paprika, geschnitten 1,7l Wasser

2 EL Würzmischung nach Wahl

1 Prise Pfeffer

Zubereitung:

Alles zusammen in den Schnellkochtopf geben. Den Deckel verschließen und 35 Minuten kochen. Druck wie gewohnt entweichen lassen. Die Suppe gut verrühren und servieren.

CURRY AUS SPALTERBSEN

527 kcal / 40 g kh / 33 g fett / 18 g eiweiß
pro gesamte Zubereitungsmenge

Zutaten:

225 g Spalterbsen

1 Tomate, in Scheiben

1 Becher Naturjoghurt

1 EL Olivenöl

1 Paprikaschote, geschnitten

1 TL Vegane Butter

1 Knoblauchzehe, zermahlen

½ TL Garam Masala

¼ TL Kurkuma

½ TL Senf, trocken

2 TL Ingwer, gemahlen

500ml Wasser

2 EL Koriander, geschnitten

¼ TL Asant

Zubereitung:

1. Spalterbsen abspülen. Senf und Asant in Olivenöl im Schnellkochtopf 1 Minute erhitzen und umrühren. Zwiebeln und Knoblauch zufügen, mit anschwitzen. Alle Zutaten außer Koriander, Salz und Garam Masala zufügen.

2. Deckel verschließen und 10 Minuten mit hohem Druck kochen. Zum Öffnen die Kaltwassermethode nutzen. Garam Masala und Salz zufügen. Alles gut vermischen. Mit Koriander garniert servieren. Dazu passt Reis.

SALSA, SELBSTGEMACHT

374 kcal / 66 g kh / 4 g fett / 22 g eiweiß

pro gesamte Zubereitungsmenge

Zutaten:

2,2 kg Tomaten, geschält, entkernt und gewürfelt

180 ml Tomatenmark

100 g Jalapenopaprika, geschnitten

3 Zwiebeln, gewürfelt

2 grüne Paprika, geschnitten

4 EL Koriander

2 EL Cayennepfeffer

½ EL Knoblauchpulver

120 ml Essig

1 EL Salz

Zubereitung:

Alle Zutaten in den Schnellkochtopf geben und gut vermischen. Den Deckel verschließen und 30 Minuten mit hohem Druck kochen. Den Druck wie gewohnt entweichen lassen. Nach dem Abkühlen servieren.

BAKED BEANS, SELBSTGEMACHT

237 kcal / 13 g kh / 15 g fett / 9 g eiweiß
pro gesamte Zubereitungsmenge

Zutaten:

200 g Navybohnen

120 ml Wasser

120 ml Gemüsebrühe

4 EL Tomatenmark

½ EL Balsamicoessig

½ EL Worcestershiresoße

½ TL Senf

½ TL Pfeffer

½ Zwiebel, gewürfelt

1 EL Olivenöl

200 g Tomaten, geschnitten

1 Prise Salz

Zubereitung:

1. Die Navybohnen für 8 Stunden einweichen. Zwiebeln in Olivenöl im Schnellkochtopf

sautieren. Gemüsebrühe und restliche Zutaten zufügen, alles gut vermischen.

2. Den Deckel verschließen und 30 Minuten kochen. Anschließend mit offenem Deckel köcheln lassen, bis keine Flüssigkeit mehr übrig ist. Warm servieren.

RISOTTO, SCHNELL, EINFACH & VEGAN

550 kcal / 94 g kh / 14 g fett / 9 g eiweiß
pro gesamte Zubereitungsmenge

Zutaten:

120 g Arborioreis

250 ml Gemüsebrühe

1 TL Vegane Butter

2 EL Petersilie, geschnitten

2 Frühlingszwiebeln, geschnitten

3 TL Weißwein

1 Prise Salz

Zubereitung:

1. Die halbe Butter im Kochtopf erwärmen, Petersilie und Frühlingszwiebel zufügen und 2 Minuten sautieren. Reis zufügen. Dabei ständig umrühren. Den Reis komplett anbraten. Weißwein und Gemüsebrühe zufügen und mit Salz würzen. Alles gut vermischen.

2. Den Deckel verschließen und 10 Minuten mit

hohem Druck kochen. Zum Öffnen die Kaltwassermethode nutzen. Restliche Butter zufügen
und solange rühren, bis sie geschmolzen ist. Heiß
servieren

SÜßKARTOFFELGRATIN SCHNELL & EINFACH

1386 kcal / 113 g kh/ 78 g fett / 57 g eiweiß
pro gesamte Zubereitungsmenge

Zutaten:

500g Süßkartoffeln, in Scheiben

200g Veganer Cheddar

200g Frischkäse

1 EL Knoblauchpulver

1 TL Chilipulver

500ml Gemüsebrühe

3 Knoblauchzehen, zermahlen

2 EL Olivenöl

Zubereitung:

Bis auf den Käse alles in den Topf geben und den Deckel verschließen. 4 Minuten mit hohem Druck kochen. Den Druck wie gewohnt entweichen lassen. Den Käse als Garnitur draufgeben, bei geringer Hitze 5 Minuten köcheln. Wenn sich der Käse verteilt hat, servieren.

ZITRONENREIS, SCHNELL GEMACHT

1138 kcal / 188 g kh / 33 g fett / 19 g eiweiß
pro gesamte Zubereitungsmenge

Zutaten:

225 g Reis

2 El Natives Olivenöl Extra

300 ml Wasser

3 EL Koriander, geschnitten

1 EL Zitronensaft

1 Prise Salz

Zubereitung:

1. 1 EL Olivenöl, Reis, Wasser und Salz zusammen in den Topf geben und gut vermischen. Den Deckel schließen und mit hohem Druck 3 Minuten kochen. Den Druck wie gewohnt entweichen lassen.

2. Das restliche Öl, Zitronensaft und Koriander in einer Schüssel vermengen. Den Reis zufügen und gut verrühren.

SCHNELLER SALAT MIT QUINOA & KOHL

726 kcal / 125 g kh / 13 g fett / 30 g eiweiß
pro gesamte Zubereitungsmenge

Zutaten:

170 g Quinoa

70 g Kohl, geschnitten

400 ml Gemüsebrühe

4 EL Edamame, gekocht

½ EL Knoblauchsalz

Zubereitung:

1. Quinoa, Gemüsebrühe, Kohl und Salz im Schnellkochtopf gut vermischen. Den Deckel schließen und 8 Minuten bei hohem Druck kochen. Den Druck wie gewohnt entweichen lassen und die Mischung in eine Schüssel umfüllen.

2. Edamame 5-10 Minuten in kochendem Wasser in einem herkömmlichen Topf kochen. Anschließend zur Quinoa Mischung zugeben und alles gut vermischen.

PASTA, SCHNELL & EINFACH

3216 kcal / 360 g kh / 122 g fett / 164 g eiweiß
pro gesamte Zubereitungsmenge

Zutaten:

500g Nudeln

1 Becher Kaffeesahne

450g Brokkoli

450g Veganer Cheddar, gerieben

1l Wasser

Zubereitung:

1. Nudeln, Brokkoli und Wasser gut im Schnell-kochtopf vermischen. Mit hohem Druck 4 Minuten kochen.

2. Zum Öffnen die Kaltwassermethode nutzen.

3. Kaffeesahne und Käse zufügen, alles langsam sautieren und verrühren. Der Käse muss komplett geschmolzen sein.

FEURIGE SCHWARZE BOHNEN MIT QUINOA-CHILI

1083 kcal / 193 g kh / 11 g fett / 46 g eiweiß

pro gesamte Zubereitungsmenge

Zutaten:

85 g Quinoa

450 g Schwarze Bohnen, eingeweicht

450 g Tomaten, in Stücken

2 EL Tomatenmark

1l Gemüsebrühe

2 Selleriestangen, geschnitten

1 TL Chilipulver

1 TL Koriander

2 TL Kümmel

2 TL Paprikapulver

3 Knoblauchzehen, gemahlen

1 Zwiebel, gewürfelt

3 Süßkartoffeln, geschält und gewürfelt

Zubereitung:

1. Alle Zutaten gut im Kochtopf miteinander vermischen.

2. Den Deckel schließen, 12 Minuten mit hohem Druck kochen.

3. Zum Öffnen die Kaltwassermethode benutzen und servieren.

SCHARFE MAIS-KARTOFFELN

1110 kcal / 150 g kh / 48 g fett / 19 g eiweiß
pro gesamte Zubereitungsmenge

Zutaten:

350 g Mais

500 g Kartoffeln, gewürfelt

1 El Knoblauchpulver

½ El Pfeffer

750 ml Gemüsebrühe

2 Knoblauchzehen, gemahlen

1 EL Maisstärke

3 El Roter Pfeffer

1 EL Chilipulver

3 El Olivenöl

Zubereitung:

1. Alle Zutaten gut im Kochtopf miteinander vermischen.

2. Den Deckel verschließen, auf kleiner Flamme 6 Stunden köcheln. Dazu passt Reis als Beilage

SÜß-SAURER ROTKOHL

578 kcal / 87 g kh / 20 g fett / 7 g eiweiß
pro gesamte Zubereitungsmenge

Zutaten:

600g Rotkohl, mundgerecht geschnitten

2 Knoblauchzehen, zermahlen

1 Zwiebel, gewürfelt

1 EL Natives Olivenöl Extra

1 EL Apfelessig

150g Apfelmus

250ml Wasser

1 Prise Pfeffer

1 Prise Salz

Zubereitung:

1. Zwiebeln und Knoblauch in Olivenöl im Kochtopf 2 Minuten sautieren.

2. Die restlichen Zutaten zufügen und alles gut vermischen. Den Deckel verschließen und 10 Minuten mit hohem Druck kochen.

3. Die Kaltwassermethode zum Öffnen nutzen.

4. Gut durchrühren, evtl. nochmal abschmecken und servieren.

Süßspeisen

SÜßE VERFÜHRUNG: SCHOKOLADENKÜCHLEIN AUS DEM SCHNELLKOCHTOPF

2272 kcal / 250 g kh / 119 g fett / 62 g eiweiß
pro gesamte Zubereitungsmenge

Zutaten:

6 Einweckgläser à 140 ml oder 4 Einweckgläser
à 210 ml

80 g Zartbitter-Kuvertüre

½ Vanilleschote

80 g Mandeln, gemahlen

40 g Paniermehl

20 g Butter

6 EL Puderzucker

5 Eier

130 g Rohrohrzucker

2 EL 80-prozentiger Rum
(alternativ Orangensaft)

Zubereitung:

1. Mit einem Messer die Kuvertüre zerkleinern. Vanilleschote längs aufschneiden, Mark herauskratzen. Gemahlene Mandeln mit Paniermehl vermengen. Mit der Butter die Gläser ausfetten, mit dem halben Puderzucker ausstäuben. Eier trennen, vorerst kühl stellen. Kuvertüre im heißen Wasserbad schmelzen, etwas abkühlen lassen.

2. Die Hälfte Puderzucker; Vanillemark und Eigelbe cremig aufschlagen. Lauwarme Kuvertüre und Rum zufügen. Restlichen Puderzucker mit dem Eiweiß steif schlagen. Den Eischnee vorsichtig unter die Schokoladencreme heben. In die Gläser füllen bis 1 cm unter den Rand. Mit Glasdeckeln schließen.

3. Wasser im Schnellkochtopf bis zur Markierung »min« befüllen, Dreibein hineinstellen. Darauf den Dämpfeinsatz mit den Gläsern. Den Topf verschließen. Schongarstufe wählen, mit voller Herdleistung ankochen. Wird der gelbe Ring sichtbar, Hitze wegnehmen.

4. Erscheint der grüne Ring, 7 Minuten garen.

Den Schnellkochtopf nach Anleitung abdampfen und öffnen. Die Schokoküchlein herausnehmen und abkühlen lassen, bis sie lauwarm sind. Mit dem Rest Puderzucker bestäubt servieren. Eine cremige Vanillesauce passte dazu genauso gut wie fruchtiges Kirschkompott.

SCHNELLKOCHTOPF KÄSEKUCHEN

2308 kcal / 192 g kh / 97 g fett / 62 g eiweiß
pro gesamte Zubereitungsmenge

Zutaten:

100 g Haferkekse

50 g Butter

2 Eier

2 Päckchen Bourbonvanillezucker

2 Eigelb

150 g Rohrzucker

Abrieb von 1 Bio-Zitrone

2 gehäufte TL Weizenmehl

100 g saure Sahne

350 g Naturfrischkäse

1 Glas Schattenmorellen (720 ml)

30 g Speisestärke

1 Gewürzsäckchen aus Teefilter (1 Sternanis, 1 Zimtstange, 2 Nelken, 5 Pimentkörner, Schalenstücke von einer unbehandelten Orange)

Zubereitung:

1. Backpapier auf den Boden einer Springform (Ø 20 cm) legen. Haferkekse zerbröseln, Butter schmelzen lassen und mit den Keksen vermischen. Gleichmäßig auf dem Backpapier verteilen, andrücken, ins Tiefkühlfach stellen. Die Eier trennen. Mit dem Handrührgerät Eiweiß mit 1 Päckchen Vanillezucker steif schlagen. Eigelbe, 120 g Zucker, Zitronenabrieb, Weizenmehl, saurer Sahne und Frischkäse zu einer glatten Masse rühren. Das Eiweiß vorsichtig unterheben. Die Masse auf den Keksboden füllen.

2. Mit Alufolie die Oberfläche der Springform abdecken. Es darf keine Feuchtigkeit eindringen. 250 ml Wasser in den Schnellkochtopf gießen, Dreibein hineinstellen und die Springform daraufsetzen. Topf nach Anleitung verschließen. Die Schongarstufe wählen, Herd auf volle Leistung. Energiezufuhr vermindern, wenn der gelbe Ring sichtbar wird. Erscheint der grüne Ring, 35 Minuten garen. Am Ende der Garzeit den Topf vom Herd ziehen und solange stehen lassen, bis der Druck weg ist. Den Topf öffnen, die

Springform entnehmen. Alufolie abnehmen, Kuchen leicht auskühlen lassen. Mit einem Messer den Rand der Springform lösen.

3. Schattenmorellen abtropfen lassen, den Saft auffangen. 500 ml Wasser auffüllen. Etwas von der Flüssigkeit mit der Speisestärke anrühren. Das restliche Saft-Wasser-Gemisch mit dem Gewürzsäckchen, restlichem Zucker und Vanillezucker in einem Topf ca. 10 Minuten erwärmen. Das Gewürzsäckchen entnehmen, die Flüssigkeit aufkochen. Speisestärke zugeben, ca. 1 Minute kochen, dabei ständig rühren.

4. Von der Kochstelle nehmen, Kirschen unterheben und etwas auskühlen lassen.

5. Den Käsekuchen in Stücke schneiden und mit dem Kirschkompott auf Tellern anrichten.

SÜßER FRÜHSTÜCKSREIS

623 kcal / 80 g kh / 26 g fett / 13 g eiweiß
pro gesamte Zubereitungsmenge

Zutaten:

300 g Milchreis

3 EL Ahornsirup

600 ml Milch

1 Päckchen Vanillezucker

1 TL Zimt

Zubereitung:

Alle Zutaten gut im Kochtopf miteinander vermischen. Den Topf verschließen und ca. 10 Minuten
bei hohem Druck kochen. Zum Öffnen die Kaltwassermethode nutzen. Den warmen Reis servieren. Dazu passt Obst der Saison.

ERDBEER-HAFERBREI

1186 kcal / 254 g kh/ 6 g fett / 23 g eiweiß
pro gesamte Zubereitungsmenge

Zutaten:

100 g Hafergrütze

500 ml Wasser

1 Päckchen Vanillezucker

1 TL Zimt

200 g Packung Erdbeeren

30 g Zucker

Zubereitung:

Alle Zutaten gut im Kochtopf miteinander vermischen. Den Deckel verschließen und 3 Minuten bei hohem Druck kochen. Den Topf von der Platte nehmen und den Druck komplett entweichen lassen. Nach dem Öffnen, noch einmal komplett durchrühren und servieren.

FRUCHTIGES RISOTTO

2448 kcal / 214 g kh / 159 g fett / 35 g eiweiß
pro gesamte Zubereitungsmenge

Zutaten:

1 Packung Himbeeren

250 g Arborioreis –spezieller Reis für Risotto

2 EL Kokosflocken

2 Beutel Vanillezucker

50 g Kokoszucker

750 ml Kokosmilch

Zubereitung:

1. Kokosmilch im Schnellkochtopf aufkochen. Beginnt die Milch zu kochen, Reis zufügen. Alles gut verrühren und den Deckel verschließen. Den Reis mit hohem Druck 5 Minuten kochen.

2. Den Topf von der Platte nehmen und warten, bis die Luft entwichen ist. Den Topf noch einmal auf die warme Herdplatte (Resthitze) stellen und alle anderen Zutaten zufügen. 2 Minuten erwärmen lassen und warm servieren.

HEISSER HIMBEER-
GRIESSBREI

1250 kcal / 181 g kh / 35 g fett / 48 g eiweiß
pro gesamte Zubereitungsmenge

Zutaten:

1 Liter Milch

250 g Grießbrei

2 EL Butter

2 Päckchen Vanillezucker

75 g Zucker

300 g Himbeeren, frisch oder tiefgefroren

4 EL Puderzucker

4 EL Himbeersirup

Zubereitung:

1. Alle Zutaten gut im Kochtopf miteinander vermischen. Kurz aufkochen, dann die Temperatur
wieder drosseln. Den Deckel schließen und für
10 Minuten köcheln. Erscheint der erste Ring
vom Schnellkochtopf, Herd auf ein Minimum reduzieren. Die TK-Himbeeren auftauen lassen, die

Hälfte in einen Topf geben. Puderzucker und Himbeersirup zufügen und mit einem Pürierstab zerkleinern. Die zweite Hälfte Himbeeren zufügen und alles kurz aufkochen.

2. Den Topf mit dem Reis nach 10 Minuten von der warmen Platte nehmen. 5 Minuten stehen lassen, bis der Druck komplett entwichen ist. Zum Öffnen nicht die herkömmliche Methode verwenden, da der Reis sonst nicht so weich wird.

3. Den Reis mit den heißen Himbeeren anrichten und servieren.

MILCHNUDELSUPPE

1382 kcal / 235 g kh / 19 g fett / 64 g eiweiß
pro gesamte Zubereitungsmenge

Zutaten:

250 g Nudeln

1 Liter Milch

70 g Zucker

2 Pck. Vanillezucker

Zubereitung:

1. Alle Zutaten außer den Nudeln in den Schnellkochtopf geben und aufkochen. Die Nudeln zufügen und alles gut vermischen. Den Deckel verschließen.

2. Die Milchnudeln ca. 8 Minuten kochen. Den Deckel wie gewohnt vorsichtig öffnen und die
warme Suppe servieren.

APFELMUS

660 kcal / 145 g kh / 4 g fett / 3 g eiweiß
pro gesamte Zubereitungsmenge

Zutaten:

1 kg süße Äpfel

7 EL Wasser

75 g Zucker

2 EL Vanillezucker

Zubereitung:

1. Äpfel schälen und in kleine Stücke schneiden.
Umso kleiner die Stücke sind, desto schneller
werden Sie weich sein. Apfelstücke, Wasser, Zucker und Vanillezucker in den Schnellkochtopf
geben und einmal umrühren. Den Topf verschließen und 15 Minuten auf Garstufe 2 kochen.

2. Den Deckel wie gewohnt öffnen und die Äpfel
zu einer glatten Masse pürieren. Das Apfelmus
schmeckt warm oder kalt.

3. Soll es länger haltbar sein, wird das Apfelmus
in ein Glas gegeben, das gut verschlossen wird.

Herstellung und Verlag:
BoD – Books on Demand, Norderstedt
ISBN: 9783751920582

1. Auflage
Kontakt: Psiana eCom UG/ Berumer Str. 44/ 26844 Jemgum
Covergestaltung: Fenna Larsson
Coverfoto: depositphotos.com